LA ÚLTIMA PÁGINA

ASIER FERNÁNDEZ SOBERA

Tre miliardi io lo spendo per fare la bella vita en non per fare la guerra

- E che bella vita farei?

Comprarei una casa in campagna... con una piscina

Vengo a casa da lavorare, con la mia ragazza andiamo in piscina

E siamo lì. Fino le sette. Poi veniamo in casa, facciamo la doccia assieme.

Ci laviamo assieme

Cioè, lei mi lava a me, io la lavo a lei

Dopo mangiamo, guardiamo la tele, e andiamo a letto

E a letto facciamo l'amore...

Franck. D'amore si vive.

CAPÍTULO 1.

La primera **última página.**

Todas las cosas que no pude decir.

CIERRE

Este es el primer último poema que te escribo.

Confieso que de vez en cuando recuerdo.

Recuerdo y pienso.

Pienso en que nos quedaron botellas por abrir,

muchas noches que celebrar

y alguna para llorar.

En fin, mucho por vivir.

Pero, voy a empezar por terminar

y este es mi homenaje.

Cerrando un capítulo que no fue final,

sino una parada de mi viaje.

ES

Es tan corto el amor, y es tan largo el olvido.

Es tan liviano el momento, y tan recordado lo vivido.

Es tan sentido el dolor, y era tanta la pasión.

Es tan persistente la mente, y lo es más el corazón.

FUGAZ

He vuelto a ver nuestra historia en mis *historias*

y aquellos videos que te grabé.

Fue corto y tan intenso nuestro viaje.

Tan feliz que me cegó,

tan fugaz que me cegué.

SENTIDOS

Al principio soñaba

y no te quería ni ver.

Dormía con tu olor,

intentando no recordar cómo decías "Asier".

Ahora me gusta soñar,

así te veo con nitidez.

Y odio las mañanas

pues no consigo recordar tu cara,

ni una sola vez.

ESTACIONES

Amor de verano,

que en otoño se acabó.

Como con una ráfaga de viento,

como los veintiún gramos en el último aliento.

De un día para otro desapareció.

Lo que en invierno se convirtió en recuerdo,

la primavera aplazó.

Tú no estabas,

y el sol no quiso volver a entrar por la ventana de mi

habitación.

ES TRISTE

Te perdí y me perdí.

Es triste recordar cuando fue mi última vez allí.

Ni estaba preparado cuando llegaste,

ni lo estaba cuando te vi partir.

Se me llenaba el corazón cuando te veía sonreír

y ya no quedan lazos que me vinculen a ti.

Todos mis éxitos los quería compartir.

Ahora te veo en las redes, no sé si triste, espero que feliz.

ECHO DE MENOS

Echo de menos hablar.

Y que me mires cuando no digo nada.

Echo de menos viajar.

Despertarme y darte un beso de madrugada.

Echo de menos mi ilusión,

verte sonreír al recogerte.

Echo de menos perderme.

Paradero desconocido cada vez que iba a verte.

Echo de menos bajar a comprar.

Que cada día sea fiesta y abramos un vino para celebrar.

Echo de menos el mar,

la playa, tu compañía y poco más.

NMOUT 3LIK

Lo que yo te quise nunca lo supiste entender,

nadie lo supo ver.

Es cierto que no siempre fui como debí.

Pero, cuando no había nada, todo lo construí.

*Mis acciones no siempre fueron acorde a mis palabras, pero
eso no era más que un sinónimo de lo vulnerable que me he
sentido siempre. Siempre a la defensiva, siempre negativo,
siempre en duda. Todavía eso me pesa, por encima de todo.*

Solo sé ser así con la gente que quiero.

Las medias tintas no me valen,

y saben a qué me refiero.

El amor dentro me duele

y siempre lo supuse pasajero.

Menos durante ese verano,

frente a tus ojos y bajo el cielo.

ESE DÍA

No se me olvida ese día.

Los rayos de sol entrando por la ventana,

dibujando el contorno de tu cara.

La brisa, el silencio y la calma.

Aquella estampa era la definición de la palabra paz.

Lo que yo siempre había deseado: campo, amor y libertad.

VERANO

La brisa del mediterráneo acariciando tu pelo

y los rayos poco a poco quemando tu piel.

La arena haciéndome cosquillas y yo tumbado en tu regazo.

Sonriente, como el niño que ver el mar por primera vez.

Yo, que siempre había odiado el gentío y el calor,

me hice seguidor del sonido de las olas y de tu color.

El reflejo me dejaba ciego, pero yo,

seguía mirando, daba igual el sol.

Los viernes, nervioso

y el sábado corriendo para irte a ver.

Me acostumbré a vivir en esa felicidad constante,

a celebrar cada instante como si fuese la última vez.

FINAL

Me alegro

y esto lo digo de verdad,

de haber cruzado nuestros caminos

y de quererte hasta no poder más.

Puede que el final no fuese tan puro como el principio,

pero qué más da.

Nunca fuimos de seguir esquemas,

pienso en la oscuridad.

De cantar "Mil días", a ver aquel relato hecho realidad.

De agarrar mi mano con fuerza, al beso en la mejilla en el portal.

CAPÍTULO 2.

Lo que queda después del **caos.**

Todo lo que en silencio tuve que escribir.

PINTURA

Aprendí a vivir un 3 de mayo.

Durmiendo lejos de ti,

bajo un cielo estrellado.

Deseo el beso mientras paseo a orillas del mar.

De nuevo crecen los lirios en mi jardín de las delicias.

Recuerdo la última cena y tu poca piedad.

Escribo nuestras memorias mientras sueño que me acaricias.

DEL REVÉS

Sorolla me pinta las penas.

De las alegrías se encarga Goya.

Batallando en una isla desierta.

Busco paz en Troya.

Me ahogo en tierra firme.

Buceo entre montañas de gente.

Olvido lo que pasará.

Recuerdo hacia delante.

Busco donde ya no estas.

Me encuentro donde estuve.

Lloro feliz por lo que tengo.

Feliz lloré por lo que tuve.

TERROR

Siempre fui valiente en esta tierra de terror.

Y a mi pesar, ahora le temo menos a estar solo que al amor.

Dime, ¿cuál es la solución?

¿Cómo voy a decir lo que siento?

¿Cómo voy a expresar mis sentimientos?

¿Cómo voy a pedir perdón?

Fingiré siempre estar seguro.

No reconoceré que el miedo me atrapó.

Ocultaré lo que realmente quiero.

Me engañaré por miedo a un nuevo error.

NO ES NADA

Dejo constancia de lo que más dolía.

Borro recuerdos felices.

Escribo poemas sobre mi dolor,

sin pegas, peros ni matices.

No es venganza cuando acaba el amor,

es nostalgia y añoranza por lo que se disfrutó.

No es rabia por cómo acabó,

es pena lo que siento yo.

"No es nada más que eso" digo,

aunque hacia adentro me maldigo.

Por no ser suficiente,

por no saber ser querido,

por no ser nadie

y caer en el olvido.

DESEO

Muchas veces rogué que mi vida fuese un mal sueño.

Que en cualquier instante me pudiese despertar.

Y otras quise que mis sueños se hiciesen realidad.

Muchas veces me confundió la mentira.

Y a veces solo quería escuchar la verdad.

En otras tantas comprendí, que solamente era deseo,

lo que durante tiempo entendí como necesidad.

EN EL RING

Testigo atónito de mi propia decadencia.

Sentado, soy un mero espectador.

Abucheo y a la vez pido clemencia.

Verdugo y víctima del dolor.

Maniatado es todo más difícil.

Desde la esquina ánimo y aconsejo.

No esquivo ni un solo golpe.

Con alcohol la mente despejo.

Entrenador y luchador,

juez, público y rival.

Sufro y no intervengo,

ya me da lo mismo si bien o mal.

IDEALISMO

La pena déjamela a mí,

que me ayuda a escribir.

Cargué mi espalda con más de lo debido.

Pagué los plazos y cumplí con mi cometido.

Me hice a un lado,

limpié el camino.

Lo intenté todo.

Y no, no me he rendido,

pese a que divagué con el deseo de estar desaparecido.

Hice todo lo que un día me negué,

pero al llegar el domingo no vale con estar arrepentido.

Un nuevo testamento es este que ahora escribo,

un nuevo profeta con el mismo final:

traición, sangre, espinas, amor, dolor, el bien y el mal.

Un nuevo movimiento que yo mismo protagonizo,

sin un solo seguidor, idealismo.

ENGAÑAR

La habitación se me hace gigante

y en mi cama siempre hace frío.

El teléfono sin mensajes,

lleno de fotos, pero vacío.

El dolor que cargo es mío.

Miento a quien quiero y así lo oculto.

El inconsciente me traiciona cada noche,

pero ¿ahora a quién culpo?

Me siento impotente, aislado y diminuto.

Me siento impaciente y preso de mis impulsos.

Los días se me hacen eternos y las noches aún más.

Todavía te pienso, aunque sepa que no volverás.

Todavía me pienso en aquel lugar.

No sé qué voy a hacer, a quien pretendo engañar.

SOLO

¿Cómo estás?

Acostumbrado es la palabra.

Escribo y no busco compasión ni manos en la espalda.

Es así como pasa y

como me pasaba.

Perdí amigos y familiares

y no dijeron nada.

Me sentí solo muchas veces

y luego con otros lo pagué.

No cedí mi confianza,

pero tampoco la negué.

Creí ver el final.

Y cuando menos lo esperaba,

todos esos tormentos vuelven otra vez.

UNA VEZ MÁS

Me sentí engañado, más ahora que al acabar.

Me dolió perder, más me dolió mirar y no encontrar.

Una casa se viene abajo sin un cuarto pilar

y la mía está arrasada y no sé por dónde empezar.

Me engulle el orgullo, pero me tengo que callar,

aunque dentro de mí siempre hay una parte que me dice:

"inténtalo una vez más".

MUERTO Y VIVO

Nunca me había sentido tan vivo y muerto a la vez.

Muerto, pues estoy vacío y el vacío significa inexistencia y lo que no existe está muerto.

Vivo porque no paro de sufrir y sufrir significa existir y quien sufre siente y sentir es sinónimo de estar vivo.

¿KARMA?

No creo que me merezca todo por lo que paso.

Nunca me porte tan mal.

No creo en el karma, pero

¿Qué tengo que hacer para compensar?

No entiendo, y lo quiero intentar.

No busco excusas ni pretendo justificar.

Estas lágrimas son reales y las tengo que soltar,

pero no merezco que me ahoguen, sino que acaben ya.

LOBOTOMÍA

Desearía una lobotomía

para sacar los recuerdos,

extirpar el dolor

y arrancar los sentimientos.

ENTELEQUIA

El amor, mi entelequia, solo existe en mi imaginación.

El amor, mi entelequia, mi fin, mi principio y mi acción.

ES (2)

Es tierra yerma lo que ahora tocan mis manos.

Es agua estancada lo que se escapa entre mis dedos.

Es solo miseria lo que presencian mis ojos.

Es hambruna lo que padece mi cuerpo.

Es batalla lo que anuncia mi voz.

Es dolor lo que presencio ahora.

Es tierra yerma donde ahora planto mis palabras.

Es agua estancada de donde beben mis deseos.

Es solo miseria lo que mis manos escriben.

Es hambruna lo que padece mi alma.

Es batalla lo que anuncia mi corazón.

Es dolor lo que presencias ahora.

DÍA DE LA MARMOTA

Hubo noches en las que soñé que volvías,

pero yo tengo un poder.

Sé cuándo lo hago dormido,

por eso dejé ese mundo arder.

Aun así, me dolió como una puñalada

el sabor amargo de nuevo en mi boca.

Pese a que me sabía el final,

seguía viviendo con intensidad aquel día de la marmota.

GUAGUANCÓ

Inspiración, siempre

El tiempo me demostró que esas lágrimas eran de cocodrilo.

Y que el refugio que encontré

no era lo que esperaba.

Aun así, ya no pienso en ello

y como dijo Cafuné:

"aunque ya no compartamos más la almohada,

pongo una velita para que todo te vaya bien".

De nuevo **de pie**, listo para otra caída

Lo que en el horizonte puedo percibir.

PASADO Y FUTURO

Tengo prohibida la entrada en la galería.

Me aconsejan que no mire,

que allí solo hay pena,

todo lo que me dolería.

Tiempo pasado, siempre fue mejor,

o eso dijeron.

Una vez que lo tienes todo,

deja de ser como contaron.

Conozco pocas certezas,

pongo en duda todo lo escuchado.

Aun así, hay algo que tengo claro:

es imposible vivir el presente,

sí dudas del futuro

a pesar de conocer el pasado.

CONFIANZA

Como el niño que cruza los dedos.

Como quien no quita la mirada.

Como quien no se deja caer.

No cierro los ojos.

No doy mi palabra.

Ni me dejo ver.

Como quien no vuelve.

Como quien no habla.

No confío en nadie,

ni en nada.

MI PALABRA

Soy millonario,

siempre cumplo mi palabra.

No miento,

nunca supe traicionarla.

Pacto firme, al menos para mí.

No es lo mismo al parecer cuando salgo de aquí.

Desconocimiento no exime,

pero justifica.

Desconfío, aun así.

Esto sí que saben que significa.

MEDICINA

Medicina que me calma,

pero que no la receta el doctor.

Medicina que no mido,

pero que cura el dolor.

Medicina que sale cara

y no solo al pagarla.

Medicina que enciende

y medicina que apaga.

Más de mil noches la sangre con ella oscurecí.

Toda razón y excusa era buena para mí.

En todas ellas me mentí.

No era diversión, era mi forma de huir.

Los penas se diluyen,

los recuerdos desaparecen,

es tan idílico.

Lo que tantos buscamos miles de veces.

IRA Y PENA

He vuelto a cometer viejos pecados

y a sentir esa sensación.

He vuelto a olvidar quien soy

y cuál es mi misión.

He sentido autodesprecio,

por no conocer explicación,

he tenido miedo

y entrecortada la respiración.

La ira y la pena me nublan.

La ira y la pena me frustran.

No quiero sentirme así,

en este lugar donde siento que todos me juzgan.

MEDIO FELIZ

Aferrándome al recuerdo como a un clavo ardiendo,

no me hace bien, pero el caso es no perderlo.

Ampollas en las palmas si recuerdo.

Pero no lo suelto.

A vivir sin reloj aprendí y no me costó.

Que la vida era bella cada día me recordó.

No sirvió que me aprendiese la lección,

pero quise pintar todo,

a quien preguntes, sin aparente razón.

Pese a que mi paleta solo tuviese grises desde entonces,

el pincel pintaba flores.

Pintaba cielos, campos y arcoíris sin colores.

Y es que, tenga o no color, la idea es lo que profundizó en

mi interior.

Medias sonrisas, al menos medias son.

Menos es nada, no me queda otra opción.

VUELVEN

Vuelven los fantasmas del pasado y me atormentan.

Vuelven sombras, formas y siluetas.

Vuelven momentos, palabrería.

Vuelven falsos profetas.

Y yo herido sin saber qué hacer.

Sin saber defender.

Sin saber negar.

Dejando que todo vuelva.

Y me haga recordar.

Todo parece diferente,

pero no lo es.

Misma cara, al fin y al cabo.

También años después.

SENTÍ

Yo también sentí ese vacío.

Y sentí también el escalofrío.

La oquedad en el pecho,

el dolor imposible de mitigar.

Ese vaivén de emociones,

ahora tristeza, ahora felicidad.

También sentí

que buscando me perdí.

Lo solucione dejando,

en manos ajenas

mi propio devenir.

Sentí falta, perdida y desapego.

Sentí ser mudo, sordo y ciego.

Lo negué, lo dudé y lo acepté.

Lo arrastré, lo arrastro y lo arrastraré.

ELEMENTOS

Lloré mares, grité al viento,

me quemé con las ideas que surcaban mi imaginación.

Y ahora, con los pies en la tierra,

navego sin una clara dirección.

El viento que contra mi arrecia, no es obstáculo, sino guía.

Y en este mar embravecido, soy capitán al timón.

No soy ningún Dios, pero domino los elementos.

Creo en el poder de sobreponerse

y en todo lo que cuento.

ME SABE A POCO

Todo me sabe a poco.

Ya nada es suficiente.

Si paso los días a mi modo,

y ni de ello soy consciente.

La ataraxia es la utopía que persigue mi mente.

Pues no consigo estar tranquilo ni cuando la presión

desciende.

Entre la espada y la pared,

pero son dos filos.

Sobre este miro al fondo

y desafío.

Ahora lo tengo claro.

Prefiero ser irrelevante, no me cuesta trabajo.

No me obliga a aportar estando tan abajo.

JUICIO Y PRISIÓN

No fueron esos besos lo que me hicieron llorar,

sino todos los sentimientos que no supe expresar.

Dije mucho.

Y a veces me quedó otro tanto por callar.

Pero lo que dentro me dejé,

me duele.

De ahí surgió este oficio,

de alta o baja calidad.

Y termino estas últimas páginas,

implorando algo de claridad.

Nunca quise ser víctima,

pero el dolor me contagió.

Y por mucho que trato de darle la vuelta a la situación,

rompo una pared y hay otra delante en esta prisión.

*Como un preso con una cadena al pie estoy inmóvil.
Recuerdo cómo me comporté en ocasiones y me hundo. No
puedo defenderme cuando yo mismo me acuso. Pido perdón
con la sala vacía. Me recorre la angustia al ver que no hay
testigos.*

NUEVOS OBJETIVOS

Queda tanto por llegar

que lo pasado ya no me agobia.

Agradezco a quien me quiere acompañar,

tender su mano antes mis fobias.

Ahora solo pienso en avanzar,

salirme por fin de la trayectoria.

Obviar el camino establecido,

dejar huella y escribir historia.

Mensaje de ambición, deseos,

abundancia.

Solo deseo calma y redención,

para mí eso es el éxito, que quede constancia.

HUIR

Tantas veces quise huir,

escaparme corriendo

y dejar todo aquí.

Arrasar con todo,

que nada me lo pueda impedir.

Tantas veces me dije que yo no era así,

que era temporal,

que no me podía mentir.

Es solo tiempo,

pero yo no tengo paciencia

y quien decide sobre mí

no tiene clemencia.

La avalancha me derrumbó.

Se vino abajo lo acumulado.

Y pese a mi inocencia

fui el peor parado.

1:44

El dolor me dirige al rencor,

pero corto por lo sano.

Es más fácil dar perdón, vivir tranquilo

y que todo sea liviano.

Confío en balde, lengua suelta,

a veces me creo libre.

Luego me arrepiento,

ser sincero de nada me sirve.

Treinta versiones de mí y no sé con cuál quedarme.

Recuerdo mis quince y como era.

Parece mentira como mucho degeneró.

Parece mentira como otro tanto mejoró.

Versiones a patadas,

tatuada, llevo la palabra honor.

Versiones a patadas,

en esta otra soy un traidor.

¿Qué me sale mejor?

¿Ser bueno y obviar el rencor

o fingir ser inocente y portarme peor?

Aún tengo que decidirlo y pido perdón

sí en el largo camino de la duda causo dolor.

Aún estoy en proceso, me estoy buscando,

no sé quien ni como, no sé donde ni cuando.

EN MI HABITACIÓN

Conversaciones con Dios sin ser creyente.

Conticinio.

Haciendo tratos en mi mente.

Silencio mayúsculo, pero retumba el eco en mi habitación.

"Creo que podría ser mucho peor".

Mirada al techo hasta quedarme dormido,

mensajes en mis notas por si todo lo olvido.

Ruidos en el interior.

TENTACIONES

El azar me guía, pues la venda que llevo me la puse yo
mismo.
Me elevo hacia el cielo deseoso de hedonismo.
Las alas se me queman justo en el momento preciso
y caigo sin remedio directo al abismo.

No hay manos que me salven,
pues corté toda aquella que se me acercó.
No busco excusas, he venido a confesarme
y a extirparme esa flecha que me envenenó.

Hoy pido perdón con las secuelas marcadas,
ya no me queda otra opción.
Solo puedo pedir ayuda y refugio
pues aún me persigue la tentación.

DUALIDAD

No necesito decir mucho más,

si todo lo que pienso lo he escrito ya.

Camino sin rumbo en este paraíso de metal

donde la ambición te come si le das la oportunidad.

El dualismo y la oposición que me rodea,

no es sino un escudo que me protege.

Me resguardo bajo esa premisa,

mil y una veces.

Me obsesiona la vida y la muerte,

más que a Klimt, Münch y el resto de la gente.

Me obsesiona el amor y cuando se vuelve maldad,

me obsesiona todo aquello que no puedo explicar.

ADVERTENCIA

Gabriel García me advertía

y pronosticó mi muerte pese a mi valentía.

Añadió en mi epitafio,

que ningún lugar en la vida es más triste que una cama

vacía.

Curiosa lucidez.

Pierde el sentido si llega tarde, otra vez.

Y es que la temeridad que recorre mis venas, que me

impulsa y envenena, no avisa de las penas.

Y yo, que adoro el riesgo de amar, me someto al

involuntario azar y a la duda del resultado, justo cuando

todo acaba de empezar.

RESUMEN

Mi invierno lo pintó Monet,

resultó ser una sonrisa con lágrimas en la mejilla.

El otoño lo pinté yo mismo

y resultó ser una pesadilla.

Sumido en una batalla de cien años

en la que soy mi propio enemigo.

También soy quien juzga

y quien impone el castigo.

Odio estar aislado y odio el egocentrismo,

pero en la soledad me acojo al nihilismo.

Un día soy "poeta" y al otro dadaísta,

un día soy "profeta" y al próximo salta a la vista.

Es de sobra evidente, espero, ahora que llega el final.

Que ni yo mismo se sobre qué o por qué escribo, la verdad.

Me libera al mismo tiempo que me hace recordar,

como la rosa con espinas.

Preciosa, pero hace sangrar.

UNAS ÚLTIMAS LÍNEAS

Para Gloria, que la tierra te sea leve.

Como dijo Gloria Fuertes, uno no escribe cuando está

enamorado.

Y yo, solo escribo para retratar el pasado.

Nunca malgasté ese tiempo.

Exprimí cada segundo como el zumo de la mañana.

Y ahora que este se acaba,

relleno páginas sin pulpa, sin sabor, sin nada.

FINAL.

La última página de este **Ciclo** de **Lágrimas de medianoche**.

Escribí este poema final hace 5 años, cuando todo empezaba, inspirado en una escultura con su mismo nombre. La escultura está en el cementerio de Poblenou, Barcelona. No recuerdo cómo llegó a mí, pero sí cómo me impactó desde el primer instante. Fui a verla y, ahora, este es mi pequeño reconocimiento a toda la inspiración que me ha dado.

EL BESO DE LA MUERTE

Sus manos rozaron mi mejilla y rápidamente dieron la vuelta a mi cuello.

Vi sus ojos acercarse con sed.

Noté cómo sus puntiagudos colmillos atravesaban mi piel.

La sangre brotaba por mi yugular y sus ojos reflejaban el brillo.

Sonreía y eso me ponía aún más nervioso.

El carmín de sus labios había desaparecido y mi sangre lo sustituía.

Era preso de sus brazos.

Mis latidos se aceleraron y mi respiración se entrecortó.

Nada la detenía.

No podía hacerlo.

Como si de magia se tratase, una paz infinita recorrió mi cuerpo.

Sus labios rozaron los míos y en ese momento supe que su beso...

era el beso de la muerte.

9 798831 274363